BOEKANALYSE

De naam van de roos

UMBERTO ECO

BOEKANALYSE

Geschreven door Claire Mathot
Vertaald door Nikki Claes

De naam van de roos

· ·

Umberto Eco

MUST READ

UMBERTO ECO

ITALIAANS ROMANSCHRIJVER EN ESSAYIST

- **Geboren in Alessandria (Italië) in 1932.**

- **Overleden in Milaan in 2016.**

- **Opmerkelijke werken:**

    - *De slinger van Foucault* (1988), roman

    - *Het eiland van de vorige dag* (1994), roman

    - *History of Beauty* (2004), essay

De Italiaanse auteur Umberto Eco was een productief schrijver van romans en essays, en zijn werk heeft over de hele wereld erkenning en bijval geoogst. Hij was taalkundige van opleiding en specialiseerde zich in semiotiek (de studie van tekens en hun betekenissen), filosofie en literatuur.

In zijn romans, waaronder *The Name of the Rose* en *Foucault's Pendulum*, combineert hij vakkundig detective-intriges met literaire en historische verwijzingen. Hij publiceerde ook meer filosofische werken, zoals *History of Beauty* en *On Ugliness* (2007), waarin hij aan de hand van een analyse van beelden, schilderijen en literaire werken van de oudheid tot heden laat zien hoe de begrippen schoonheid en lelijkheid in de loop van de geschiedenis zijn geëvolueerd.

DE NAAM VAN DE ROOS

EEN MIDDELEEUWS DETECTIVEVERHAAL

- **Genre:** roman

- **Referentie-uitgave:** Eco, U. (2004) *De naam van de roos*. Londen: Vintage.

- **1e editie:** 1980

- **Thema's:** moord, onderzoek, labyrint, bibliotheek, geschiedenis van de middeleeuwen, religie, vergif

De naam van de roos was Umberto Eco's eerste roman.

Het speelt zich af in het begin van de 14e eeuw en volgt de personages van William van Baskerville en zijn schrijver Adso van Melk terwijl ze naar Italië reizen in een tijd van religieuze verdeeldheid. Tijdens hun verblijf in een abdij wordt de rust in de gemeenschap verstoord door een reeks moorden. William en Adso proberen deze misdaden en de vele mysteries rond de bibliotheek van de abdij op te lossen. Hun onderzoek brengt hen in de labyrintische bibliotheek van de abdij, waar ze op zoek gaan naar een mysterieus boek.

SAMENVATTING

Eco beweert dat *De naam van de roos* gebaseerd is op een manuscript met de memoires van Adso van Melk, een jonge benedictijner monnik (de benedictijnen zijn een religieuze orde die veel belang hechten aan intellectuele en fysieke arbeid, waaronder het kopiëren van manuscripten). Als jonge man wordt Adso naar Italië gestuurd, waar hij schrijver en leerling wordt van Willem van Baskerville, een Franciscaanse monnik (een religieuze orde waarvan de leden gebonden zijn aan een gelofte van armoede). Samen beleven Adso en William eind 1327 een reeks ongewone gebeurtenissen in een abdij in Noord-Italië.

EEN VREEMDE DOOD

Willem en Adso komen aan bij een rijke benedictijnenabdij op een berg. Ze worden verwelkomd door de abt, en leggen hem de reden van hun bezoek uit: Willem is gestuurd om de benedictijnse oversten te ontmoeten om te weten te komen wie van hen de keizer steunt. De abt verdenkt Remigio ervan lid te zijn geweest van een ketterse sekte (dat wil zeggen een sekte die door de Kerk is veroordeeld omdat haar overtuigingen als strijdig met het ware geloof worden beschouwd), en verzet zich fel tegen deze sekten: "Dood ze allemaal; God zal de Zijnen erkennen" (p. 145). Ook vraagt hij William en Adso de dood van Adelmo te onderzoeken: hij is op een stormachtige nacht van een van de torens van de bibliotheek gevallen, maar het blijft onduidelijk of dit zelfmoord of moord was.

De abt laat William vrij in zijn onderzoek: hij krijgt toestemming om de andere monniken te ondervragen en overal in de abdij onderzoek te doen, behalve in de bibliotheek, hoewel dit de plaats is waar de misdaad plaatsvond en, zoals William al snel beseft, de sleutel tot het begrijpen van de gebeurtenissen. Slechts een selecte groep mag de bibliotheek betreden, die "zichzelf verdedigt" (p. 30); als we de geruchten mogen geloven, wordt ze door magie beschermd. Maar hoewel de toegang tot de bibliotheek strikt geregeld is, is de verdieping waar de bibliotheek zich bevindt 's nachts vaak verlicht.

HET ONDERZOEK BEGINT

William en Adso beginnen hun onderzoek met een ontmoeting met Ubertino van Casale (Italiaanse franciscaan, 1259-1329), met wie ze de verdeeldheid bespreken die binnen de benedictijnse orde is ontstaan door extremistische bewegingen. Vervolgens ondervragen ze Severinus, de kruidendokter, om uit te zoeken of Adelmo's val veroorzaakt zou kunnen zijn door hallucinaties na inname van bepaalde kruiden.

Vervolgens gaan ze naar het scriptorium, waar de monniken manuscripten kopiëren, en worden ze begroet door Malachi, de bibliothecaris. William verzamelt informatie over Aldemo's illustraties. Als er gelachen wordt, worden de beledigende monniken streng berispt door Jorge, een oudere blinde monnik, en er ontstaat een debat over de rol van het lachen. Daarna gaan de twee onderzoekers naar de smederij, waar ze Nicholas, de meester-glaszetter van de abdij, ondervragen.

EEN TWEEDE MOORD

De volgende dag, tijdens de eerste gebeden, stormen bange bedienden de kerk binnen en informeren de monniken dat ze Venantius' lichaam hebben gevonden in een bassin gevuld met varkensbloed. De twee onderzoekers ontdekken dat zowel Adelmo als Venantius een verzoek hadden ingediend bij Berengar, de assistent-bibliothecaris, en ze ontmoeten Alinardo, die hen vertelt dat het mogelijk is om via het ossarium in de bibliotheek te komen. Door de bibliotheek van buitenaf te observeren, slaagt William erin de indeling ervan af te leiden.

Later vertelt Benno aan William en Adso dat Berengar verliefd was op Adelmo en dat Adelmo alles zou hebben gedaan om een bepaald boek in handen te krijgen waarnaar hij jarenlang op zoek was geweest. Die nacht sluipen de twee onderzoekers het scriptorium binnen, en William ziet een interessant perkament met een gecodeerde boodschap op de tafel van Venantius liggen. Ze worden onderbroken door een mysterieuze nachtelijke bezoeker (Berengar), die twee boeken en Williams bril steelt.

Dan betreden ze de bibliotheek, die volkomen labyrintisch is. Een vers uit de Apocalyps (het laatste boek van de Bijbel, beter bekend als het Boek der Openbaringen) is geschreven boven de ingang van elke kamer. Ze beseffen al snel dat de indeling van de bibliotheek gebaseerd is op geografie, met gebieden voor Engeland, Spanje, Afrika, enzovoort, maar ze slagen er niet in om in de geheime *finis Africae* kamer te komen.

EEN DODELIJK GIF

s Morgens horen ze dat Berengar verdwenen is, en kort daarna ontdekken ze zijn lichaam in de baden. Als Willem en Severinus het lichaam onderzoeken, zien ze dat de toppen van Berengars vingers bruin zijn, zoals die van het vorige slachtoffer. Severinus weet welk gif hieraan ten grondslag ligt: het is na de storm uit zijn laboratorium verdwenen.

Adso ontmoet Salvatore en ondervraagt hem over een ketter, Fra Dolcino. William maakt van deze gelegenheid gebruik om Adso uit te leggen dat ketters net als iedereen hun goede en slechte kanten hebben, en dat de voornaamste motivatie van de paus om hen aan de kaak te stellen is dat zij een politieke bedreiging voor hem vormen. Dit bevredigt Adso's nieuwsgierigheid naar ketterij echter niet, en wanneer hij Ubertino om uitleg vraagt over Fra Dolcino, komt hij te weten dat deze laatste de Kerk bekritiseerde en een volksopstand inspireerde die wreed werd onderdrukt. William en Adso ondervragen vervolgens Remigio, een voormalige leerling van Dolcino.

EEN BOEK EN ZIJN GEHEIMEN

In de keuken verleidt een jonge vrouw Adso, en ze brengen samen de nacht door. William berispt zijn vriend nadat hij hem heeft verteld over zijn nachtelijke wapenfeiten, maar neemt het hem niet kwalijk omdat hij weet dat het meisje een arme boerin was die zich prostitueerde om haar familie te voeden. Terwijl ze de voortgang van het onderzoek bespreken, realiseren ze zich dat de moorden overeenkomen met de fragmenten uit de Apocalyps. Bovendien heeft William de door Venantius achtergelaten boodschap volledig ontcijferd en weet hij nu dat de moordenaar probeert te voorkomen dat bepaalde geheimen, die in een boek staan, aan het licht komen.

Een Franciscaanse delegatie arriveert in de abdij. Zij vinden dat het optreden van paus Johannes XXII (1245-1334) niet past bij zijn functie, omdat hij voortdurend rijkdom vergaart en besloten heeft een belasting te heffen op de zondaars. Dan arriveert een delegatie uit Avignon, geleid door de dominicaan Bernard Gui.

De twee groepen ontmoeten elkaar om de armoede van Christus, zijn status en de houding van de religieuze ordes tegenover ketters te bespreken. Bernard Gui arresteert Salvatore en een vrouw die ervan wordt beschuldigd een heks te zijn.

DE MYSTERIES VAN DE BIBLIOTHEEK

Ondertussen realiseert Severinus zich dat Berengar naar het ziekenhuis moet zijn gegaan voordat hij naar de baden ging, want hij vindt het boek dat de assistent-bibliothecaris uit het scriptorium had gestolen in zijn laboratorium. Severinus' lichaam wordt dan echter gevonden in het laboratorium, maar het boek is nergens te bekennen. De verdenking valt onmiddellijk op Remigio, die gearresteerd wordt. Zijn proces wordt geleid door Bernard Gui, die ervan overtuigd is dat hij schuldig is en hem brutaal ondervraagt.

William verdenkt Benno ervan de dief te zijn, omdat hij weet dat deze tot alles bereid is om de geheimen in de boeken van de bibliotheek te ontdekken. Benno is echter net benoemd tot assistent-bibliothecaris: nu hij banden heeft met de bibliotheek, kan hij de manuscripten niet bespreken.

Nicholas, de meesterbibliothecaris, vertelt William en Adso dat de benoeming van elke nieuwe assistent-bibliothecaris op kritiek is gestuit. Op zijn weg terug naar het scriptorium begint William zich af te vragen of de moorden ingegeven kunnen zijn door de hevige concurrentie om de post. Hij waarschuwt de abt dat zijn leven in gevaar is, omdat hij de geheimen van de bibliotheek kent.

De volgende dag, tijdens het ochtendgebed, strompelt Malachi de kerk binnen alvorens in te storten. William merkt dat zijn tong zwart is, wat een teken is dat hij vergiftigd is, en realiseert zich dat alle slachtoffers Grieks kenden.

HET MYSTERIE OPLOSSEN

William en Adso gaan 's nachts naar de bibliotheek en beseffen dat er iemand binnen is. Uiteindelijk slagen ze erin de geheime kamer binnen te komen, waar ze Jorge vinden. De blinde monnik heeft een boek vergiftigd dat verschillende werken bevat (waaronder Aristoteles' [Griekse filosoof, 384-322 BCE] *Poetica* [ca. 335 BCE]) waarin het belang van de goddelijke lach wordt besproken, om te voorkomen dat iemand deze informatie onthult.

Het blijkt dat alle slachtoffers stierven omdat ze in contact kwamen met dit boek, behalve Adelmo, die zelfmoord pleegde nadat hij van de inhoud had gehoord voordat Jorge het manuscript vergiftigde. Het gif doodde de mensen die de bladzijden van het boek aanraakten, namelijk Venantius, Berengar en Maleachi. Severinus werd gedood door Maleachi, die verliefd was op Berengar en dacht dat deze laatste hem ontrouw was geweest met Adelmo en Severinus.

Nadat hij hen alles heeft verteld, pleegt Jorge zelfmoord door de vergiftigde bladzijden van het boek op te eten. William en Adso proberen het manuscript te redden, maar een lamp valt en zet de bibliotheek en de hele abdij in brand.

William en Adso verlaten de abdij en gaan hun eigen weg. Jaren later keert Adso terug en verzamelt alle pagina's die hij kan.

KARAKTERSTUDIE

DE MENSEN UIT DE WERELD BUITEN DE ABDIJ

Adso van Melk

Adso van Melk, de verteller van het verhaal, is een oudere benedictijner monnik in het klooster van Melk in Oostenrijk. Aan het eind van zijn leven schrijft hij een manuscript in het Latijn waarin hij vertelt over een van zijn vormende ervaringen, een zevendaags avontuur in een abdij in Noord-Italië. Zijn doel is om een verslag van dit avontuur achter te laten voor toekomstige generaties, zonder er een oordeel over te vellen. Eco beweert dat dit manuscript vervolgens door verschillende schrijvers in verschillende talen is vertaald, en dat hij het op zich heeft genomen om het in de 20^e eeuw in het Italiaans te vertalen.

In 1327, als novice in het klooster van Melk, neemt Adso's vader hem mee naar Italië, waar hij Willem van Baskerville ontmoet en diens schrijver en leerling wordt. Ondanks zijn jeugd probeert Adso de onrust van die tijd te begrijpen, en neemt hij de wijze en inzichtelijke Willem als zijn rolmodel terwijl hij zijn kritisch denkvermogen ontwikkelt. Hij is gehoorzaam, onverzadigbaar nieuwsgierig en altijd gretig om meer te weten, en volgt William overal terwijl hij hem met vragen bestookt. Door zijn jeugd is hij zeer beïnvloedbaar, en hij is gefascineerd door de vurigheid van sommige monniken, die hen tot moord en ketterij heeft gedreven, en door de mystiek, zoals die door Ubertino wordt beoefend.

Adso leert veel van zijn ervaring in de abdij: hij ontdekt de passies die de mensheid beheersen, namelijk liefde, haat en de vernietigende kracht van trots, en krijgt meer inzicht in de religieuze en politieke kwesties van zijn tijd, waaronder de conflicten tussen pausen en wereldlijke leiders, de verschillende vormen van ketterij en de inquisitie (een gerechtelijke instelling van de katholieke kerk die werd opgericht om ketterij te bestrijden).

William van Baskerville

Willem van Baskerville is een geleerde Franciscaanse monnik, en Adso van Melk is onder zijn voogdij geplaatst, waardoor hij een soort vaderfiguur is voor de jonge novice. Hij is ongeveer 50 jaar oud en wordt beschreven als lang en zeer mager, met een levendige blik. Ondanks zijn occasionele vlagen van apathie is hij over het algemeen een zeer energiek man.

Vroeger was hij inquisiteur in Frankrijk en Engeland, maar hij heeft deze functie verlaten en is naar de abdij gekomen om een delegatie van Franciscanen te ontmoeten en deel te nemen aan een theologisch debat over de armoede van Christus. Het doel van de delegatie is overeenstemming te bereiken over het standpunt van hun orde ten aanzien van de nieuwe paus in Avignon. Dit is een zeer gevoelig onderwerp, omdat het een schisma binnen de kerk kan uitlokken.

William staat onder de monniken bekend om zijn intelligentie, sluwheid en nieuwsgierigheid. De abt Abo vraagt hem het mysterie van de moord op Adelmo op te lossen, en om zijn taak te vergemakkelijken geeft hij hem toestemming om met iedereen te praten en vrij door de abdij te zwerven. Zijn benadering van het mysterie is zeer rationeel, en hij laat zich inspireren door een van zijn vrienden, de Engelse filosoof en theoloog William of Ockham (1285-1349), die gelooft dat elk probleem kan worden opgelost met behulp van logica. Een van zijn belangrijkste doelen bij het aangaan van het onderzoek is de zaak rationeel op te lossen en daarmee de andere monniken te laten zien dat er geen reden is om aan te nemen dat de duivel overal achter zit, hoewel hij ook gemotiveerd wordt door een gevoel van intellectuele trots.

Eco liet zich voor het personage van William inspireren door twee figuren, een echte en een fictieve. Dit zijn respectievelijk Sherlock Holmes (de hoofdpersoon van de romans van Arthur Conan Doyle [1859-1930]) en Willem van Ockham, wat duidelijk de waarde illustreert die hij hechtte aan rationeel, logisch denken

Bernard Gui (ook bekend als Bernardo Guidoni)

Dit personage is een historische figuur die echt heeft bestaan. Hij was een Dominicaanse monnik en inquisiteur, en in de roman is hij belast met het herstel van de orde in het klooster. Hij is hypocriet, sarcastisch en dominant, en wanneer hij het proces tegen Remigio leidt, is hij zo overtuigd van diens schuld dat hij er niet voor terugdeinst bewijs tegen hem te fabriceren. Hij is een angstaanjagend personage dat graag pronkt met zijn gezag en anderen angst inboezemt.

DE PERSONAGES VAN DE ABDIJ

De abt Abo

Abo is het hoofd van de Franciscaanse abdij en vraagt Willem het mysterie van Adelmo's dood op te lossen. Hij is trots op de door het klooster verworven rijkdom en stelt zich hard op tegenover ketters, die hij zelfs ter dood wil brengen. Hij is overweldigd door de gebeurtenissen in zijn abdij, maakt zich zorgen over de reputatie ervan en probeert de orde en rust te bewaren.

Jorge van Burgos

Jorge is de op één na oudste monnik van de abdij en is blind. Hij wordt gerespecteerd door de andere monniken, die onder de indruk zijn van zijn leeftijd en wijsheid, en hij dient als biechtvader voor velen van hen. Hij gelooft heilig in de regels van het klooster en weigert te aanvaarden dat deze niet worden nageleefd. Hij is bijvoorbeeld fel gekant tegen lachen en kletsen, waarvoor volgens hem geen plaats is in de abdij.

Hij staat bijzonder negatief tegenover lachen: volgens hem is het aanvaardbaar voor de armen, maar totaal ongeschikt voor de ontwikkelde elite (de monniken), want als zij de gewoonte krijgen om te lachen, verliezen zij hun respect en angst voor alles wat zij het meest heilig zouden moeten houden, zoals God. Daarom beschouwt hij lachen als gevaarlijk voor monniken.

Uiteindelijk leren we dat Jorge verantwoordelijk is voor de moorden in de abdij. Hij strooit gif op de bladzijden van het tweede deel van Aristoteles' *Poetica*, dat komedie (en dus lachen) als onderwerp heeft, zodat al te nieuwsgierige monniken zichzelf zouden vergiftigen. Hij is er zo van overtuigd dat deze kennis over de lach gevaarlijk is, dat hij liever de bladzijden van het boek opeet, wetende dat het gif hem zal doden, dan dat hij de inhoud ervan onthuld ziet.

Salvatore van Montferrat

Salvatore lijdt aan een ziekte en spreekt een denkbeeldige taal die bestaat uit alle talen die hij kent. Nadat hij een bloedbad heeft overleefd, zwerft hij doelloos rond en doet alsof hij ziek of arm is, zodat de mensen medelijden met hem hebben, voordat hij in de orde treedt. Hij wordt gearresteerd door Bernard Gui omdat hij magie zou beoefenen en met een heks zou praten. In sommige opzichten lijkt hij op een dier.

Ubertino van Casale

Ubertino is een ander personage dat echt heeft bestaan. Hij wordt beschreven als een excentrieke oude man, en behoort tot een beweging die pleit voor een hervorming van de Dominicaanse orde om deze meer in overeenstemming te brengen met de leer van Christus, met name door het beoefenen van armoede. Hij is bekend met de ketterbewegingen en neemt er een hard standpunt over in.

Remigio van Varagine

Deze forse man is de keldermeester van de abdij, wat betekent dat hij verantwoordelijk is voor voedsel en voorraden. Vroeger behoorde hij tot een groep ketters onder leiding van

Fra Dolcino. Hoewel hij vrijwillig tot de abdij toetrad, deelt hij niet de religieuze overtuigingen van de orde en houdt hij zich niet aan zijn gelofte van kuisheid. Hij is de hoofdverdachte in de moord op Severinus.

Benno van Uppsala

Volgens Willem heeft Benno "een lust naar kennis" (p. 387) en zou hij alles geven om de geheimen van de bibliotheek te kennen. Dit drijft hem ertoe het boek van Severinus te stelen, en kort daarna wordt hij benoemd tot assistent-bibliothecaris ter vervanging van de vermoorde Berengar. Als bewaker van de bibliotheek mag hij geen informatie over de manuscripten meer vrijgeven.

DE SLACHTOFFERS

Adelmo van Otranto

Deze jonge monnik, die verantwoordelijk is voor de verluchtingen (de illustraties van de manuscripten), is de eerste die sterft: hij valt tijdens een sneeuwstorm midden in de nacht van de bibliotheektoren. Het is onduidelijk of hij zelfmoord heeft gepleegd of is vermoord.

Venantius van Salvemec

Het tweede slachtoffer is een expert in de Griekse taal. De nacht voor zijn dood had hij ruzie met Jorge over lachen.

Zijn lichaam wordt gevonden in een vat vol varkensbloed. Hij werd vermoord omdat hij een gesprek tussen Adelmo en

Berengar had afgeluisterd, en omdat hij het boek in zijn handen had.

Berengar van Arundel

Berengar is de assistent-bibliothecaris, en wordt het derde moordslachtoffer. Omdat hij aan stuiptrekkingen lijdt, neemt hij vaak warme baden om ze te kalmeren. Hier wordt hij in de derde nacht van het verhaal dood aangetroffen. Hij is vermoord omdat hij het boek heeft gestolen, waardoor William niet kon begrijpen waarom de inhoud Adelmo tot zelfmoord had gedreven, waardoor hij het mysterie sneller had kunnen oplossen.

Severinus van Sankt Wendel

Als kruidendokter van de abdij is Severinus verantwoordelijk voor de baden, het ziekenhuis en de moestuin. Hij heeft een uitstekende kennis van vergiften en helpt Willem bij het onderzoeken van de lichamen van de slachtoffers. Hij ontdekt het boek dat Berengar had gestolen, maar wordt op de vijfde dag door Malachi vermoord. Hij en William zijn de enige personen die achter het dodelijke geheim van het boek komen.

Maleachi van Hildesheim

Malachi heeft de leiding over de bibliotheek en beschermt de geheimen ervan zorgvuldig. Hij is verliefd op Berengar, maar wanneer hij vermoedt dat Berengar hem ontrouw is geweest, geeft hij Bernard Gui de brieven die hij over de ketters heeft geschreven. Wanneer Benno hem het gestolen boek terugbrengt, wordt hij uiteindelijk door zijn nieuwsgierigheid vermoord.

ANALYSE

EEN HYBRIDE ROMAN

Genre is een belangrijk element van de literatuurgeschiedenis, omdat het indelen van een roman bij een bepaalde stroming ons een beter inzicht geeft in de kenmerken, invloeden en impact ervan. Sommige romans, zoals *The Name of the Rose*, trotseren echter eenduidige categorisering.

De roman heeft de kenmerken van ten minste drie genres, namelijk de detectiveroman, de historische roman en de *Bildungsroman*, ook bekend als de coming-of-age roman.

The Name of the Rose deelt de belangrijkste kenmerken van de detectiveroman:

- De zoektocht van de personages is niet gericht op de toekomst, maar op het verleden (een misdaad, die meestal voor het begin van het verhaal is gepleegd). Het personage dat de misdaad onderzoekt, moet de aanwijzingen die het vindt correct interpreteren om erachter te komen wat er is gebeurd en de dader te identificeren.

- Het onderzoek staat centraal in het verhaal, wat betekent dat sommige personages in duidelijk omschreven rollen passen (het slachtoffer, de dader, de onderzoeker). Veel schrijvers zullen echter ook hun eigen draai geven aan deze drie archetypen.

- Het mysterie wordt uiteindelijk opgelost dankzij logisch redeneren.

Deze kenmerken zijn duidelijk te zien in Eco's roman, als William van Baskerville en Adso van Melk aanvankelijk een moord onderzoeken die voor het begin van het verhaal is gepleegd, maar de reikwijdte van hun onderzoek breidt zich al snel uit naar een aantal andere misdaden. Na een reeks wendingen, namelijk de reeks moorden, de ontdekking van aanwijzingen en hun deducties, ontmaskeren ze uiteindelijk de moordenaar.

De naam van de roos is ook een historische roman, een genre dat gekenmerkt wordt door de volgende kenmerken:

- de roman speelt zich af in een bepaalde historische periode, die meestal realistisch wordt beschreven;

- de roman bevat vaak een mengeling van fictieve personages en mensen die echt hebben bestaan.

De naam van de roos speelt zich af in de Middeleeuwen, in het begin van de 14ᵉ eeuw. De belangrijke personen waarnaar wordt verwezen, waaronder pausen en keizers, en enkele andere hoofdpersonen, zoals Bernard Gui en Ubertino van Casale, zijn echte historische figuren.

Bovendien beweert Eco dat zijn roman is gebaseerd op een authentiek middeleeuws manuscript en beschrijft hij de religieuze en politieke conflicten van die periode met het grootst mogelijke realisme. Anderzijds blijkt dat de twee hoofdpersonen denkbeeldig zijn en door Eco zijn verzonnen.

Ten slotte heeft *De naam van de roos* veel kenmerken van de *Bildungsroman*. Dit soort roman volgt een jong personage, vaak tijdens hun adolescentie, op weg naar volwassenheid.

Hun ervaringen tijdens het verhaal vormen hun persoonlijkheid, dwingen hen onafhankelijk te worden, leren hen over de wereld, en stellen hen in staat zich op een bepaald gebied te bekwamen en meer wijsheid te verwerven.

Zoals Adso in de roman uitlegt, was hij een jonge novice toen hij naar de abdij reisde. Zijn ervaringen daar en de invloed van William van Baskerville stelden hem in staat zijn kritisch denkvermogen te ontwikkelen, menselijke passies zoals liefde, haat, jaloezie en angst te ontdekken en een beter begrip te krijgen van de problemen van zijn tijd, zoals ketterij en de inquisitie.

De naam van de roos is daarom een complexe roman, zowel qua inhoud als qua vorm: zijn hybriditeit, aangezien het de genres van detectiveroman, historische roman en *Bildungsroman* combineert, maakt meerdere lezingen en meerdere interpretaties mogelijk.

DE ROL VAN RELIGIE

In de Middeleeuwen speelde religie een belangrijke rol in het dagelijks leven van zowel de machtige elite als de armen. In de 10^e en 11^e eeuw werden kloosters weer belangrijke centra van religieuze activiteit, te beginnen met de oprichting van de abdij van Cluny in Frankrijk. Dit leidde tot de stichting van nieuwe kloosters in heel Europa. Tijdens de periode waarin de roman zich afspeelt, idealiseerde de samenleving monniken, in de overtuiging dat ze boven de ijdelheden van de wereld stonden en alleen leefden om God te dienen. Er waren twee manieren om tot een klooster toe te treden: sommige jonge edelen werden als novice in een klooster geplaatst toen ze nog kind waren en werden later monnik (dit is het geval voor Adso van Melk), terwijl anderen op latere leeftijd het klooster ingingen, nadat ze eerder deel hadden uitgemaakt van de reguliere samenleving.

Het gemeenschapsleven stond centraal in de kloosterorden, die elk hun eigen stichter en hun eigen specifieke kenmerken hadden. Zo verrichtten sommige monniken handenarbeid, terwijl anderen zich wijdden aan gebed en contemplatie, en weer anderen zich bezighielden met het kopiëren en bewaren van manuscripten. Monniken reisden vaak tussen verschillende kloosters, wat de verspreiding van ideeën vergemakkelijkte, en door hun steeds toenemende eruditie werden zij poortwachters van de kennis.

Rond deze tijd werden ook de eerste universiteiten gesticht. Zij onderwezen niet alleen de religieuze leer (theologie), maar ook andere vakken zoals retoriek, Arabische filosofie, recht en logica. Dit resulteerde in nieuwe generaties goed opgeleide, belezen monniken die hun geloof niet hadden opgegeven, maar niet per se op zoek waren naar een goddelijke verklaring voor alle verschijnselen. Zo zoekt William van Baskerville in eerste instantie naar een rationele verklaring voor de moorden in de abdij.

De twee belangrijkste religieuze orden in de roman zijn de Franciscanen en de Dominicanen, die beide bedelordes waren (wat betekent dat ze naar andere steden en dorpen trokken om Gods boodschap te verspreiden) die zich richtten op prediking en bekering. Na verloop van tijd ontstonden er echter belangrijke verschillen tussen de twee orden:

- de franciscanen geloofden in armoede, zoals gepredikt door hun stichter Franciscus van Assisi (ca. 1182-1226), en verwierpen het idee van persoonlijk of collectief bezit (hoewel ze later verplicht werden zich te verenigen in kloostergemeenschappen);

- mochten de Dominicanen rijkdom vergaren.

In de universiteiten werden disputaties, dat wil zeggen retorische oefeningen in de vorm van verbale debatten tussen twee personen of groepen over een theologische kwestie, al snel wijdverbreid. Deze debatten raakten soms zo verhit dat ze leidden tot onenigheid tussen verschillende religieuze stromingen, of zelfs binnen dezelfde religieuze orde.

Zo was de kwestie van de armoede van Christus (of hij al dan niet materiële bezittingen had) een prangend onderwerp voor de franciscanen. Hoewel de monniken in theorie geen bezittingen hadden, omdat kloosters en hun boeken officieel toebehoorden aan de Heilige Stoel, bezaten zij in de praktijk alledaagse voorwerpen omdat zij in kloosters woonden en de voorwerpen daar gebruikten.

Binnen de Franciscaanse Orde ontstonden scheuren, en paus Johannes XXII, die in de roman wordt genoemd, wilde de zaak aanpakken door de Spirituelen (de naam voor de meest radicale Franciscanen) in het gareel te brengen.

Toen Johannes XXII in 1323 de leer van de absolute armoede van Christus veroordeelde, sloten sommige franciscanen zich aan bij Lodewijk IV, de Heilige Roomse Keizer (ca. 1282-1347), een fervent tegenstander van het pauselijk gezag. Deze religieuze crisis had dus politieke gevolgen, en beschuldigingen van ketterij deden de ronde.

De grens tussen "verschil van mening" en "ketterij" is vaak erg dun. Er ontstonden voortdurend nieuwe religieuze bewegingen, elk met hun eigen leer, filosofie en riten. Sommige daarvan stichtten ook kloosters, en ze trokken allemaal in meer of mindere mate leden aan uit de gewone bevolking. Deze wildgroei van verschillende ordes werd door de Kerk als gevaarlijk beschouwd, omdat het eerder verdeeldheid dan eenheid in de hand werkte, en daarom veroordeelden de pauselijke autoriteiten vele ordes officieel als ketters (dit is bijvoorbeeld het geval voor de Dolcijnen in de roman).

 ## BEROERING IN DE 14e EEUW

In de 14e eeuw verkeerden Europa en het christendom in een crisis: de koningen en keizers ontleenden hun gezag aan de paus, maar streefden naar politieke onafhankelijkheid. Een ruzie tussen Filips IV van Frankrijk (1268-1314) en paus Bonifatius VIII (1235-1303) liet het hele continent verdeeld achter.

Filips benoemde vervolgens een nieuwe paus, Clemens V, die zijn hof in Avignon vestigde, terwijl de bestaande paus in Rome bleef. Elk van de twee pausen probeerde steun te winnen bij de politieke leiders en de religieuze orden om hun legitimiteit te versterken. Dit gaf aanleiding tot een breed scala aan meningen en uiteenlopende ideeën, wat resulteerde in een reeks felle geschillen. De katholieke kerk in Rome reageerde door de inquisitie in te stellen om haar tegenstanders, die als ketters werden veroordeeld, te onderdrukken.

INTERTEKSTUALITEIT

Intertekstualiteit kan worden gedefinieerd als de manieren waarop een tekst verbonden is met een of meer andere teksten. Deze verbanden kunnen zich concentreren binnen het verhaal en de vertelling (door wat de personages zeggen, de wereld om hen heen, enzovoort), of ze kunnen zich rechtstreeks tot de lezer richten op manieren die het verhaal niet beïnvloeden, bijvoorbeeld door toespelingen, grappen of expliciete verwijzingen.

Intertekstualiteit kan worden gezien als een soort spel tussen de auteur en de lezer (de lezer zoekt naar hints van de auteur, en het begrijpen van de intertekstuele verwijzingen bewijst zijn cultureel bewustzijn), maar het kan ook nieuwe betekenissen geven aan het verhaal en nieuwe interpretaties van de tekst mogelijk maken.

The Name of the Rose staat bol van de intertekstualiteit: Eco was semioticus, taalkundige, historicus en expert in oude talen, net als zijn personage William van Baskerville.

William is een intellectueel met een onverzadigbare, alles verterende nieuwsgierigheid. Naast de *Poëtica* van Aristoteles, die een sleutelrol speelt in het verhaal, is hij geïnteresseerd in andere auteurs uit de oudheid, maar ook in hedendaagse filosofen als Thomas van Aquino (Italiaans theoloog, 1225-1274), Roger Bacon (Engels geleerde en filosoof, 1200-1292) en William of Ockham. Al deze verwijzingen dienen een doel, want ze geven aan dat Willem van Baskerville in de voetsporen treedt van deze filosofen en theologen, met name wat betreft zijn methodologie en zijn logica.

Gezien de middeleeuwse setting bevat de roman ook veel verwijzingen naar christelijke teksten: de monniken discussiëren er onderling over en bij de ingang van elke kamer van de bibliotheek staan verzen uit de Apocalyps. Deze verwijzingen houden duidelijk verband met de tijd en de wereld waarin de monniken leven (zo houden de verzen uit de Apocalyps in de kamers van de bibliotheek verband met de organisatie van de bibliotheek en de boeken daarin).

Het duidelijkste intertekstuele element in de roman is de naam van de hoofdpersoon, William of Baskerville, die doet denken aan de namen van twee mannen, namelijk de fictieve figuur Sherlock Holmes en William of Ockham, die echt hebben bestaan.

- De voornaam "William" is een verwijzing naar de Engelse filosoof William of Ockham, wiens vrijdenkerij tijdens zijn leven zowel bewondering als angst inboezemde.

- "Baskerville" verwijst naar de roman *The Hound of the Baskervilles* (1902), met als hoofdpersoon Sherlock Holmes. Eco wilde een verband leggen tussen zijn personage en Holmes door hun gemeenschappelijke onderzoeksmethode: beide mannen verzamelen aanwijzingen, geven de voorkeur aan rationele oplossingen boven bovennatuurlijke verklaringen, en denken rustig na om tot een samenhangende oplossing te komen.

Deze intertekstualiteit, die zichtbaar is voor de lezer maar niet voor de personages van de roman, speelt een andere rol dan de intertekstualiteit binnen het verhaal. Een lezer die vertrouwd is met de romans van Conan Doyle zal de link tussen William of Baskerville en Sherlock Holmes snel oppikken, en dit geeft hem een beter begrip van zijn handelingen en overwegingen tijdens het onderzoek.

EEN LABYRINTISCHE ROMAN

Het labyrint, dat tegelijk een mythe, een vorm, een figuur en een symbool is, is een terugkerend beeld in diverse kunstvormen, waaronder literatuur, en in tal van takken van de geesteswetenschappen. Door zijn ingewikkelde constructie is het labyrint moeilijk te navigeren. Het vindt zijn oorsprong in de Griekse mythologie, waar het de thuisbasis was van de Minotaurus en het toneel van de strijd van het monster half mens, half stier met Theseus.

Sindsdien is het beeld van het labyrint een tijdloze, universele voorstelling geworden van een paradox of het gevoel verloren te zijn. Het kan dienen als metaforische voorstelling van de moeilijkheid of onmogelijkheid om een bepaald doel te bereiken, het gevoel van wanhoop dat gepaard gaat met ergens verdwaald zijn, of de hoop om te ontsnappen aan een achtervolger of een antagonist.

De labyrinten in *The Name of the Rose*...

Deze roman bevat een veelheid aan labyrintische figuren en symbolen:

- **De bibliotheek**: in ruimtelijke termen is de indeling van de zalen bedoeld om de bezoeker te verwarren, en in spirituele termen herbergt zij zowel "de werken die […] onderzoek verlichten" (blz. 27) als boeken die "de leugens van de ongelovigen" bevatten (blz. 29). De lezer moet dus het verschil kunnen zien tussen goede en slechte manuscripten.

- **De wereld:** William legt Adso uit dat de mensheid de logica van een door God geschapen wereld niet kan begrijpen, en dat tekens de enige dingen zijn waarmee we onze weg kunnen vinden.

- **De historische context van de 14e eeuw:** Christenen zitten elkaar naar de keel en nieuwe denkrichtingen stellen de bestaande religieuze leer ter discussie. Het wordt moeilijk te bepalen wie gelijk en wie ongelijk heeft in een wereld van ideeën die steeds moeilijker te navigeren is.

- **De meervoudige plot:** de lezer volgt verschillende verhaallijnen tegelijk (Wie is de moordenaar? Waar is het boek? Welke geheimen heeft de bibliotheek?).

- **Verschillende lezingen op basis van de verschillende genres:** de lezer kan ervoor kiezen zich te concentreren op het detective-onderzoek, verwijzingen naar de academische vooruitgang in de 14e eeuw, of de religieuze controverses van die tijd (de armoede van Christus, de verschillende ketterse sekten, enz.), naast andere elementen.

- **Eco's manuscript:** het verhaal neemt de vorm aan van een *mise en abyme* (de weergave van een werk binnen een ander werk), aangezien het verhaal gebaseerd zou zijn op een manuscript dat in Eco's bezit kwam en zelf de vertaling is van Adso's oorspronkelijke manuscript. Deze techniek laat de lezer zich afvragen wat waar en wat onwaar is, om zo door het zoveelste labyrint te navigeren.

De vele beelden van het labyrint maken *De naam van de roos* nog complexer.

In dit deel zullen we de symboliek onderzoeken van het eerste en meest voor de hand liggende labyrint dat in het boek voorkomt, namelijk de bibliotheek. Dit labyrint bevat ten minste drie metaforen:

* Ten eerste staat het voor de twee hoofdpersonen voor de moeilijkheid om het mysterie rond de misdaden in de abdij tot op de bodem uit te zoeken. De labyrintische indeling van de bibliotheek maakt het moeilijk om het mysterie op te lossen, vooral omdat ze meerdere codes op verschillende locaties moeten kraken. Desondanks slagen William en Adso erin de dader te identificeren en uit te zoeken waarom deze de moorden heeft gepleegd.

* Bovendien zou voor William van Baskerville de labyrintische complexiteit van de organisatie van de bibliotheek kunnen staan voor het feit dat kennis moeilijk (en, volgens Jorge van Burgos, gevaarlijk) toegankelijk is: we kunnen gemakkelijk dwalen of verdwalen op het pad naar kennis. We kunnen er niet gemakkelijk bij (van buitenaf), maar het labyrint kan ook staan voor een gevangenis van kennis (van binnenuit gezien) die slechts voor een selecte groep toegankelijk is. Tenslotte zegt William tegen Adso dat het bereiken van meer inzicht in de wereld een chaotisch proces is.

* De labyrintische bibliotheek is ook een metafoor voor Adso's leerproces, dat soms ingewikkeld is: de gebeurtenissen in de abdij leren hem over menselijke passies, de wereld in het algemeen en de plaats die hij daarin wil innemen (na zijn eerste liefdeservaring neemt hij bijvoorbeeld

de bewuste beslissing er afstand van te doen). Zo kan het labyrint staan voor de relatieve moeilijkheid om toegang te krijgen tot verre, heilige en soms gevaarlijke dingen, zoals de dood, de liefde en God. Adso's tocht door het labyrint met William symboliseert zijn intrede in de volwassenheid en een groter begrip van de wereld.

De bibliotheek die William en Adso verkennen staat daarom symbool voor de schijnbaar ondoordringbare mysteries die hen omringen, de moeilijkheid en het potentiële gevaar van toegang tot kennis, en Adso's reis naar meer kennis. Het vuur aan het einde van de roman staat voor het einde van hun zoektocht, de onmogelijkheid om de wereld volledig te kennen en te begrijpen, en Adso's intrede in de volwassenheid.

Sinds de eerste publicatie is *The Name of the Rose* bejubeld als een meesterwerk, vooral vanwege het brede scala aan mogelijke lezingen. Het is tegelijk een historische roman, een detectiveroman en een *Bildungsroman*, en de plot is complex en strak gestructureerd. Het spreekt zowel leken aan, die het kunnen lezen ter vermaak en ontspanning, als hoger opgeleide lezers, die zich in een labyrint vol dubbele betekenissen en intertekstuele verwijzingen zullen bevinden. Deze combinatie van eruditie en een snelle plot is ongetwijfeld de kern van de blijvende populariteit van de roman.

VERDERE REFLECTIE

ENKELE VRAGEN OM OVER NA TE DENKEN...

- *The Name of the Rose* vertoont de kenmerken van verschillende genres. Welke zijn dat? Leg je antwoord uit.

- In de roman debatteren de monniken over de armoede van Christus. Waarom vindt dit debat plaats? Wie staan er aan elke kant? Welke argumenten voeren de verschillende deelnemers aan?

- De monniken ruziën herhaaldelijk over de lach en de oorsprong ervan. Welke theorieën en argumenten worden door beide partijen naar voren gebracht? Welke rol spelen deze argumenten in het verhaal?

- De roman bevat veel lijsten. Identificeer er enkele. Wat is hun doel? Welk effect beoogt de auteur?

- De roman is verdeeld in dagen en tijden van gebed. Welk effect heeft deze verdeling?

- "Niet alle waarheden zijn voor alle oren bestemd" (blz. 29). Waar verwijst dit citaat naar? Moet kennis volgens de verschillende personages gecensureerd worden of niet? Wat vindt u?

- In het verhaal zegt William: "Vaak spreken boeken over andere boeken" (p. 277). Geef commentaar op deze zin met betrekking tot de roman als geheel.

- "Bacon had gelijk: de eerste plicht van de geleerde is het leren van talen!" (p. 354). Leg uit op welke manieren taal een cruciale rol speelt in het verhaal.

- Wat zijn de meningen van de verschillende personages over ketterij? Probeert Eco neutraal te blijven, of probeert hij zijn lezers te beïnvloeden?

- Na een gesprek met Ubertino zegt William: "Ik heb de indruk dat de hel de hemel is, gezien vanaf de andere kant" (p. 58). Wat betekent dit in de context van de roman?

VERDER LEZEN

REFERENTIE-UITGAVE

Eco, U. (2004) *De naam van de roos*. Londen: Vintage.

AANPASSING

The Name of the Rose. (1986) [Film]. Jean-Jacques Annaud. Dir. Italië: Neue Constantin Film.

*We horen graag van jou! Laat
een reactie achter op jouw online bibliotheek
en deel je favoriete boeken op social media!*

De uitgever garandeert de betrouwbaarheid van de gepubliceerde informatie, die echter niet onder zijn verantwoordelijkheid valt.

www.50minutes.com

Master ISBN: 9782808688949
Papier ISBN: 9782808610346
Wettelijk depot: D/2023/12603/1314

Omslag: © Primento

Digitaal ontwerp: Primento, de digitale partner van uitgevers.